ADDITION

AU RÉSUMÉ GÉNÉRAL

Pour le Comte DE MORANGIÉS.

Est-ce l'approche du Jugement qui redouble l'audace des Verons & de leurs complices? Jouent-ils, comme on le dit dans le style familier, *quitte ou double* en cet instant décisif? L'espoir de produire par leur feinte assurance une illusion momentanée compense-t-il à leurs yeux la honte d'être convaincus d'avoir multiplié les impostures sans pudeur & sans bornes? Imaginent-ils qu'il y a plus à gagner pour eux, s'ils peuvent séduire quelques esprits foibles ou inattentifs par cet excès d'impudence, qu'il n'y a à craindre en révoltant tous les esprits honnêtes & éclairés? On lit, dans une nouvelle brochure (1) signée d'eux, ces propres termes :

« *Nous avons déjà assuré que la veuve Veron n'avoit, de sa* » *vie, emprunté ni prêté sur gages. On nous cite le livre de la* » *femme Tourtera; s'il démontre le contraire de ce que nous avons* » *avancé, les héritiers de la veuve Veron consentent à perdre leur* » *Procès* ».

Qui croiroit que cette hardiesse n'est fondée que sur la plus misérable équivoque? On n'a jamais dit que les prêts sur gages qui devenoient la ressource de la famille Veron, fussent au nom de la vieille : c'étoit sa fille & son petit-fils qui paroissoient dans ces honteuses négociations. Les prêts dont la Tourtera se rendoit l'agente, se faisoient au nom de la *Dame Dujonquai & de son fils*. C'est en cette qualité qu'ils sont inscrits sur les livres de cette femme : on les y voit jusqu'au 10 Août 1771 empruntant. Ce n'est que le 10 Septembre suivant qu'ils commencent à prêter. Voici l'état de cet actif & de ce passif relevé d'après les livres de la Tourtera.

(1) Intitulée : *Examen du Résumé général du Comte de Morangiés*, signée LACROIX, page 11.

A

TABLEAU.

Emprunté par Madame Dujonquay, le 12 Août 1771, sur une petite paire de Boucles d'oreille fines. . . . . 72 l.
Par M. Dujonquai, sur une paire de boucles d'oreilles fines, 40

Total 112

Prêté le 10 Septembre . . . . 120 l.
Le 15 9
Le 17 72
Dudit jour 216
Dudit jour 24
Dudit jour 14
Du 18 17
Du 19 24
Dudit jour 130
Dudit jour 33
Dudit jour 140
Dudit jour 7
Dudit jour 90
Dudit jour 360
Dudit jour 24
Du 20 33
Dudit jour 7
Dudit jour 11
Dudit jour 8
Dudit jour 211
Dudit jour 10
Dudit jour 18
Du 23 Septembre, au sieur . . . . Bijoutier, rue Saint-Louis, au Palais, sur vingt marcs de galon 950
Dudit jour, au même, sur une pendule 132
Dudit 23 Septembre, à la femme . . . . Bourgeoise, rue de Seine, chez le sieur . . . . sur un habit gris, veste pareille, une paire de draps, un étui & un flacon 27

Total 2677

Combien de réfléxions se présentent en foule à cette lecture! 1°. Combinez les dates. Le 12 Août les Verons empruntent encore; ils étoient donc dans un excessif besoin, & cependant à les entendre les cent mille écus existoient alors dans leurs coffres.

2°. Dès le 10 Septembre suivant ils prêtent, & c'est ce jour-là précisément qu'ils ont reçu l'argent des 660 livres de rentes en contrats vendus à moitié de perte à la fin d'Août pardevant Me Boutet ; ce qui fait voir, d'une part, le motif de ce sacrifice étonnant ; & de l'autre l'empreſſement avec lequel ils attendoient les deniers dont ils vouloient faire cet emploi odieux ; c'eſt-à-dire , tout-à-la-fois leur miſere & leur cupidité. Ils ne perdent pas une minute pour s'aggréger à l'honorable Collége des Prêteurs ſur gages. L'inſtant même où ils en acquierent la faculté , eſt celui où ils en font uſage (1).

3°. Voici une remarque bien plus eſſentielle encore que les précédentes. On voit que le 23 Septembre , ce jour fameux du prétendu port des cent mille écus au Comte de Morangiés, ils ont prêté en trois différens articles 1109 livres. Y a-t-il rien qui puiſſe combattre plus victorieuſement la fable des 13 voyages, & de l'or porté à pied ſous le bras ? Eſt-ce le matin qu'ils ont prêté 27 l. ſur un habit, une veſte , une paire de draps, un étui & un flacon ? En ce cas la livraiſon des 300000 l. n'auroit donc pas abſorbé toute leur attention. Les emprunteurs ſe ſeroient donc accordés à ne venir que dans les intervales juſtes où Dujonquai étoit en route. Il ne les a point fait entendre au Procès ; aucun d'eux ne l'a donc rencontré. Eſt-ce le ſoir ? Alors comment concilier ces prêts, qui ſuppoſent au moins 50 louis d'argent, avec l'aſſertion tant de fois réitérée à l'Audience & par écrit, qu'après les 12425 louis prêtés au Comte , & les 1200 l. à lui remiſes le lendemain , il ne reſtoit pas un ſol dans la maiſon ? Jamais ils ne ſe tireront de-là ; & c'eſt quand il exiſte contr'eux de ſemblables preuves , qu'on oſe venir dire en leur nom que *ſi les regiſtres de la Tourtera démontrent qu'ils ont prêté ſur gages , ils conſentent à perdre leur Procès !*

Diront - ils que la veuve Dujonquai, portée ſur ces livres, n'eſt pas la femme Romain , mere de Dujonquai ? Diront-ils que le Dujonquai qui emprunte le 12 Août 40 liv. ſur des boucles, n'eſt pas le Dujouquai qui prétend avoir porté les cent mille écus le 23 Septembre ; comme ils ont dit que l'Au-

(1) Obſervez que ces contrats vendus chez Me Boutet , appartenoient en partie à la veuve Veron. Or, dès que c'eſt l'argent qui en eſt provenu, que l'on employoit aux prêts des gages , il en réſulte que la veuve Veron étoit inſtruite de ces prêts , & qu'elle y conſentoit ; ce qui acheve de détruire ſans reſſource la miſérable petite ruſe du Libelle.

bourg , prêteur fur gages , Tapiffier & banqueroutier , Valet-de-Chambre du fieur de Fribois, Fermier général , & enfuite de Monfieur le Préfident de Lamoignon , & chaffé des deux maifons pour faits graves , n'étoit pas leur bienfaifant, leur généreux patron ? En ce cas, que la Tourtera nomme donc d'autres Dujonquai , avec qui elle ait été en liaifon.

Il fera, comme on fait , facile à la Juftice de retrouver cette illuftre Tourtera. Cette femme honnête , ce témoin refpectable , cette colonne angulaire de la défenfe des Verons, vient d'être arrêtée de nouveau pour des friponneries dont elle n'a pu s'abftenir , même à une époque où il étoit intéreffant pour elle d'éviter l'éclat des avantures bruyantes.

Elle eft fur le chemin de l'Hôpital, qu'elle connoît déjà fi bien, fi c'eft-là que fe borne fon châtiment. Qu'on fache d'elle quelle étoit la femme Dujonquai qui lui a fourni, dans l'efpace du 10 au 23 Septembre 1771 , environ 2700 livres difperfées en petits prêts fur nantiffemens.

Les Juges approfondiront fans doute ces nouveaux détails. Quelques-uns d'eux fe font plaints de ce que les livres de la Tourtera n'étoient pas joints au Procès. Mais eft-ce au Comte de Morangiés qu'il faut les demander? N'eft-ce pas au Miniftere public à requérir cette jonction ? Ces livres font doubles ; il y en a un exemplaire dépofé à la Police, & un qui reftoit, comme c'eft l'ufage , dans les mains de l'ufuriere à qui la néceffité de tout écrire fervoit de frein. La Cour peut fe faire apporter les uns & les autres; le Miniftere public l'année derniere l'a bien fait ; les Juges du Bailliage cette année l'ont fait. Ils ont, il eft vrai, fermé les yeux à la lumiere qui en fortoit, mais il n'en fera pas de même ici. Puifque les Verons confentent à faire dépendre la perte de leur Procès de leur qualité de prêteurs fur gages , tout eft donc décidé. La voilà bien établie.

Il n'y a point de petites reffources dont ils ne faffent ufage pour éblouir le public, au moins un inftant. Ils ont fait paroître fur la fcene un Notaire qui combat bravement en leur faveur, on ne fait trop par quel motif : car, enfin , il n'y a ni honneur ni profit pour lui dans cette démarche. Il a donné une petite lettre, dont la premiere ligne eft une groffe faute. Dans cette lettre adreſſée à un des défenſeurs des Verons, & publiée par un autre, *il a lu hier*, dit-il, *l'Examen abrégé d'un nouvel écrit*, *ſigné Linguet* *. Point du tout. Ce neſt pas le nouvel écrit, il s'en faut bien, c'eſt l'Examen abrégé qui eſt ſigné Linguet. Le Notaire qui s'explique avec ſi peu de juſteſſe, prétend relever une *erreur de date qui eſt*, dit-il, *eſſentielle* dans l'Examen abrégé. Il prétend qu'on *y place au 6 Avril un teſtament qu'il a reçu le 12 Mars*. Cela eſt vrai; mais ſi Me Lheritier avoit voulu ſe preſſer moins; s'il avoit bien voulu prendre la peine de réfléchir que cette erreur de date eſt très-indifférente; que dans le Plaidoyer imprimé l'année derniere, le teſtament eſt placé, comme il doit l'être, au 12 Mars, & qu'ainſi on ne peut pas ſuppoſer que la tranſpoſition qui ſe trouve dans l'Examen abrégé, ſoit autre choſe qu'une méprise ſans conſéquence, occaſionnée par la précipitation avec laquelle cet ouvrage a été compoſé, & que les circonſtances rendoient néceſſaires, il ne ſe feroit pas permis d'en triompher ſi fierement.

Le fait eſſentiel, & qui ſe trouve dans l'Examen abrégé, c'eſt que la veuve Veron eſt morte le même jour que ſon teſtament a été reçu, & ce fait là Me Lheritier ne le détruit pas; au contraire, il le confirme par ſon ſilence. Un autre fait, c'eſt que cette femme qui a ſi froidement, ſi longuement dicté le 12 Mars à Me Lheritier ſes dernieres volontés, cette femme qui l'a fait rentrer pour lui déclarer qu'elle s'étoit mépriſe ſur le nom du Propriétaire de la maiſon où elle logeoit, n'a pas pu deux jours auparavant entendre de Me Ledoux la lecture d'un tranſport très-court, qui devoit procurer à elle & à ſa famille de l'argent dont ils avoient très-grand beſoin. Voilà deux faits que Me Lhéritier connoît très-bien, & qui ſuffiſoient pour lui apprendre que l'erreur de l'Examen abrégé étoit très-innocente, & très-peu eſſentielle : ils en emportoient avec eux la rectification.

Il paroît un peu choqué qu'on ait paru douter ſi c'étoit bien la veuve Veron qui lui a dicté les diſpoſitions qu'il a conſignées dans un acte public. En conſéquence il déclare dans ſa petite miſſive qu'il *doit connoître Madame Veron, puiſque le 14 Janvier précédent elle étoit venue à ſon Etude en bonne ſanté de corps comme d'eſprit, accompagnée de Me Lefevre ſon Procureur, & de M. Dujonquai ſon petit-fils*. Vous ne dites pas tout,

* Pag. 3.

Me Lheritier, il falloit ajouter, & *de M. Aubourg son patron;* car c'est ce jour-là que vous avez passé le marché par lequel Aubourg s'est rendu pardevant vous, moyennant un tiers de profit, l'Adjudicataire du Procès. Il falloit ajouter aussi que *vous deviez bien connoître Aubourg;* car c'est vous qui passez pour lui tous les actes de cette nature, & il en passe souvent. Par exemple, c'est devant vous encore qu'il avoit acheté une créance de 400000 livres sur le Roi, appartenante à un sieur Richard, moyennant moitié de bénéfice. Le sieur Richard trompé devant vous par le libéral Aubourg a rendu plainte; votre acte & la plainte sont au Procès (1). On n'en a point parlé jusqu'ici par ménagement pour vous. Fi, Me Lhéritier, un homme qui a un état & de la délicatesse, ne doit point toucher à ces ordures-là. On ne vous inculpoit point; pourquoi venir vous salir vous-même?

Une troisieme ressource des Verons dans la même Brochure, page 4, c'est un Maître-Clerc de Notaire, *qui*, disent-ils, *a été entendu au Procès*, & qui atteste que le lendemain des déclarations, Dujonquai a envoyé chercher un Notaire pour protester. D'abord est-il bien vrai qu'il y ait un Maître-Clerc qui ait déposé cela? Ensuite pourquoi est-ce un Clerc & non pas le Notaire lui-même, au nom de qui on n'a pas dû refuser sans l'en instruire? Et puis, qui est ce Clerc? On ne nomme ni lui ni son Notaire. Ne seroit-ce pas un second Aubriot? Et s'il n'y avoit au Procès ni Clerc, ni Maître-Clerc qui eût tenu ce langage . . . . ! c'est ce que les Juges vérifieront.

Nous n'en dirons pas davantage de l'*Examen du Résumé.* Le Cocher Gilbert a aussi voulu jouer son rôle dans un petit Imprimé en 24 pages, signé COURTIN. Il y paroît pour représenter modestement que les mille écus à lui adjugés par la Sentence du Bailliage ne suffisent pas. En effet, son faux témoignage mérite une autre récompense; il l'aura.

Quand sa prévarication auroit été douteuse jusqu'ici, d'après

(1) Cela prouve que Me Lheritier est le Notaire habituel d'Aubourg; alors on ne sera pas surpris que ce soit cet Officier qui ait reçu le testament rédigé sous le nom de la veuve Veron: mais les réfléxions qu'occasionne cet étrange testament n'en recevront que plus de force. En vérité, Me Lheritier a été mal conseillé quand il est venu s'offrir aux coups.

son Mémoire même elle est maintenant démontrée. De quoi est-il accusé ? D'avoir corrompu , & de s'être laissé corrompre. Et pag. 19, 20 & 21, il convient d'avoir reçu & donné de l'argent. La scène où il reçoit est plaisante dans son Récit, page 19. Un Particulier vient le voir, *lui offre de le tirer d'affaire s'il n'a déposé que par pitié pour les Verons.* Le délicat Gilbert s'indigne ; *il commence à parler haut :* mais le Particulier lui présente 12 francs, & *sur des instances réitérées,* il baisse le ton & ouvre la main : car , dit le judicieux Mémoire, *il est forcé de les accepter.* Forcé ! Est-ce une violence comme celle du 30 Septembre ? Est-ce un Commissaire, un Procureur, des Inspecteurs, qui à force de menaces, de coups, lui ont fait cette douce violence ? Et puis qu'est-ce que cet argent ? Etoit-ce un salaire ou une aumône? Qui est ce Particulier ? De quelle part venoit-il? De celle du Comte! Les 12 livres étoient donc le prix que l'on mettoit à une rétractation. Gilbert l'avoit donc promise ; car le Particulier, quel qu'il fût, n'auroit pas été assez stupide pour donner de l'argent à un Cocher qui lui auroit toujours parlé haut. Est-ce au nom des Verons qu'il negocioit? Gilbert a donc reçu de leur argent. Il est donc un témoin soudoyé.

Même page 20 , il avoue nettement qu'il a soudoyé à son tour la Hérissé , *qu'il lui a donné quelquefois trois ou quatre sols pour avoir du vin & de l'eau-de-vie.* Voila ce que nous avons dit ; & s'il avoue cela, qu'est-ce donc que ce qu'il cache?

A la page 21 il attaque la femme Hérissé qui déclare qu'elle a été subornée par lui ; & comment détruit-il ce fait ? Cette femme, dit-il, *il l'a reprochée parce qu'elle tient un lieu de débauche , & parce qu'elle exigea de lui 15 livres pour aller déposer chez le sieur Vieillard dans l'affaire de la Petit.* L'exemplaire où se trouve cette phrase sera joint au Procès. On a réfléchi après coup au danger, aux inductions, ou plutôt à l'évidence qui en résultoit ; on l'a réformée dans une partie des Exemplaires qui n'étoient pas encore tirés , & corrigée dans les autres. On y a substitué à la main celle-ci : *& d'ailleurs indigne de toute confiance par le personnage qu'elle a fait dans cette affaire.* La femme Hérissé a donc exigé de Gilbert 15 liv.

pour dépofer en fa faveur : & il n'eft pas fuborneur !

Dira-t-on que ces libéralités-là n'étoient pas aſſez fortes pour qu'on leur attribue tant d'influence, comme on l'a dit des pâtés envoyés au Bailliage par Aubourg ; mais il ne s'agit pas de la quotité des ſommes ; il n'eft queſtion que du fait : or, ce fait eſt que Gilbert a reçu de l'argent, & qu'il en a donné ; que la Hériſſé a bu de ſon eau-de-vie, comme le Bailliage a mangé des pâtés envoyés par Aubourg. Que ſavons-nous ce qui s'eſt paſſé dans l'intérieur ? Qui ſait ſi Aubourg, ſi Gilbert n'ont eſſayé d'émouvoir dans les perſonnes qu'ils tentoient de ſéduire qu'une forte d'appétit ?

Obſervez de plus que le Cocher Gilbert ne trouve pas cette femme un témoin aſſez grave, de mœurs aſſez décentes, pour qu'on puiſſe la lui oppoſer ; & que c'eſt ſur ſa ſeule, ſur ſon unique dépoſition, que le Comte de Morangiés a été décrété de priſe de corps. Ce trait ſeul ſuffiroit pour jetter ſur toute l'affaire un jour décisif.

Gilbert, à la même page, prétend que *la rigueur de l'inſtruction a été épuiſée contre lui* : voici comment. Le Juge du Bailliage a fait deux claſſes des témoins qui le chargent ; les uns, il les lui a confrontés, mais c'étoit dans l'eſpérance de trouver un prétexte pour les décreter de priſe-de-corps, comme il a fait à l'égard de la femme Durand, la femme Petit, la femme Bapſt, la femme Blanchet, &c. &c. &c. Les autres n'ont pas été mis en priſon, mais le Lieutenant Général ne les a pas confrontés ; & par-là, il a été difpenſé d'avoir égard à leurs dépoſitions.

La femme Gemond, par exemple, atteſte que *Gilbert l'ayant rencontré dans la rue Saint-Germain-l'Auxerrois, elle lui dit : pourquoi vous mêlez-vous de cette affaire ? Vous ne connoiſſez pas ces gens-là* ; & que Gilbert lui répondit : *ce ſont de bonnes gens, & puis, ils ont cent mille écus à gagner ; nous ſerions bien bêtes de ne pas en profiter* (1) : Voilà une dépoſition terrible. Eh bien ! la femme Gemond n'a pas été confrontée à Gilbert.

La Procédure fourmille de traits de cette eſpece qui dé-

---

(1) Cela doit être écrit tout au long dans la dépoſition de la femme Gemond. Si elle porte autre choſe, c'eſt un nouveau grief contre la procédure, & un grief ſérieux qu'il faut approfondir.

montrent

9

montrent la plus étrange, la plus aveugle, la plus opiniâtre
prévention de la part du Juge. On peut confulter, à ce fujet,
la troifieme partie du Réfumé général; on y verra que les témoins n'ont été confrontés ou laiffés à l'écart que fuivant qu'on
fe promettoit en les appellant, de fortifier les accufations contre
le Comte, ou en les éloignant, d'affoiblir les preuves contre
les Verons.

Et les Juges héfiteroient à ordonner la prife à Partie! Non,
il leur eft impoffible de la refufer. Qu'on y prenne garde : ce
n'eft pas ici une demande hafardée légerement; il n'y en a
jamais eu de plus férieufe & de mieux juftifiée. Que dénonçons-
nous à la Juftice? Une prévention qui a produit de la part d'un
Juge des prévarications fans nombre. Qu'exige la Loi pour
forcer les Tribunaux à admettre une femblable dénonciation ?
Un commencement de preuves par écrit; or nous en avons & des
plus fortes : on a joint au procès les réclamations des différens
témoins qui fe plaignent d'avoir été menacés, maltraités, violen-
tés, réduits au filence par le Juge (1).

La procédure elle-même porte des traces de ces inconce-
vables excès. Deux déclarations fauffes faites au nom de Bapft,
malgré lui *, y exiftent rayées de fa main. C'eft lui qui
le déclare. Le refus de fouffrir qu'on y nommât Aubourg y
exifte. Le menfonge affirmé & rétracté enfuite impunément
par la femme Portier aux confrontations, y exifte. Le foin de
n'entendre les témoins indiqués par le Sr Menager, que deux mois
après l'avoir décreté, y exifte. Les égards prodigués aux Verons,
la condefcendance qui leur a permis d'accabler le Comte d'in-
jures atroces deftinées à lui faire perdre fon fang froid, & à lui
ôter la liberté d'efprit néceffaire pour diriger fes interpellations,
y exiftent. Enfin, les décrets multipliés avec une affectation ré-
voltante contre tous les témoins favorables au Comte, & con-
traires aux Verons, exiftent. Voilà mille fois plus de commence-
mens de preuves par écrit qu'il n'en faut pour établir que le Juge
a cédé à un préjugé inexcufable, qu'il s'eft livré à une paffion hon-
teufe, qu'il n'a voulu voir que ce qui favorifoit fon aveuglement.
Ces préliminaires rendent tout le refte croyable; il faut donc ap-

* Voyez fa lettre
ci-deffous, p. 15.

(1) Voyez à la fin de cet Ecrit; on en trouvera de nouvelles, & la prife à
Partie en découvrira bien d'autres.

B

profondir ce refte; il faut entendre les témoins qui le développeront.

La feule affaire du Sr Menager & de fa famille rendroit la prife à Partie indifpenfable. Un premier Juge ne peut lancer un décret, & un Procureur du Roi le requérir, que quand il y a une dénonciation ou des indices fuffifans au procès, ou une clameur publique : Or y avoit-il rien de tout cela contre le Sr Menager?

On n'auroit pu lé décreter légitimement, qu'en le fuppofant fuborné par le Comte de Morangiés. Or y a-t-il dans toute la procédure antérieure à fon décret un feul mot qui donne l'idée de cette fubornation? Le Procureur du Roi a-t-il agi fur la foi d'un dénonciateur? Eft-ce un flagrant-délit fur lequel il ait dû inftruire fur le champ, fans déplacer? Rien de tout cela, on le répete, & les Juges fupérieurs s'en convaincront: le Procureur du Roi eft donc le feul auteur. le feul fabricateur de l'accufation. Il a donc requis le décret, fans caufe, fans motif, fans objet; il a donc prévariqué. Le Juge qui avoit la procédure fous les yeux, & qui pouvoit accorder ou refufer le décret, l'ayant accordé, en eft refponfable; il a prévariqué par fa condefcendance, comme le Procureur du Roi par fa réquifition. Il y a lieu dès-à-préfent, non-feulement à autorifer la prife à Partie contr'eux, mais même à les punir, à les interdire; enfin à prononcer d'avance une peine qui annonce que l'on n'abufe pas impunément des formes judiciaires pour compromettre, pour calomnier, pour perdre des Citoyens.

Et qui en eft plus convaincu que les Juges mêmes qui vont prononcer fur le fort du Comte de Morangiés?

Samedi 21 du mois d'Août dernier, ils ont décrété d'ajournement perfonnel, & permis de prendre à partie des Juges de la Ferté-fous-Jouarre, qui étoient bien moins repréhenfibles que ceux du Bailliage. Au moins ceux de la Ferté, en dénonçant, en adoptant une accufation calomnieufe, avoient paru s'appuyer fur la *voix publique*. C'eft-là le motif qu'avoit pris le Procureur Fifcal pour juftifier les décrets qu'il requéroit : mais ici Me Paillard n'a pas même ufé de ce fubterfuge; c'eft lui, lui feul qu'il a donné comme caution du décret qu'il provoquoit contre le fieur Menager; il n'y avoit ni dénonciation, ni trace de délit dans la procédure; & il a requis un décret de prife-de-corps contre un domicilié, contre un pere de famille, contre un homme d'une profession salutaire & infiniment estimable; & le Juge l'a accordé dans le tems où il ne décretoit que d'assigné des prêteurs sur gages; où il respectoit la femme Portier, une Fruitiere corrompue qui se souilloit à sa face, au commencement de la confrontation, d'un mensonge odieux que les remords de sa conscience l'ont forcée de désavouer une heure après. Si l'on approfondit tout ce que la procédure contre le sieur Menager offre de criminel & de révoltant, on sentira combien il est absolument impossible de refuser la prise à Partie contre le Lieutenant-Général & le Procureur du Roi du Bailliage, au moment sur-tout où on l'a accordée contre ceux de la Ferté-sous-Jouarre.

Inutilement diroit-on que le procès offre cette confrontation devenue si fameuse du sieur Menager pere, avec son Domestique, & que ce Chirurgien a sur cet article avancé un fait calomnieux. D'abord, si en effet elle existe dans les minutes, le sieur Menager déclare qu'il s'inscrira en faux. L'inscription de faux est un moyen de droit qu'on ne peut éluder. Mais ensuite est-ce-là le seul article de cette partie de la procédure où le Juge ait prévariqué?

Si on ne lui reprochoit que ce seul fait, & qu'il le détruisît par une preuve écrite, on pourroit écarter l'accusation intentée contre lui; mais l'existence de la confrontation que le sieur Menager désavoue détruit-elle l'injustice affreuse du décret de prise de corps lancé contre lui, & les détails odieux qui l'ont accompagné? Détruit-elle l'indulgence criminelle du Juge envers Aubriot & la Tourtera? Détruit-elle son affectation à entendre plusieurs des témoins favorables à Aubriot avant Aubriot lui-même? Détruit-elle son affectation à décreter tout d'un coup les quatre témoins Menager, qui chargent Aubriot, afin de rendre leurs dépositions inutiles; tandis qu'il refuse d'entendre trois autres témoins graves, étrangers, qui doivent affirmer les mêmes choses, tandis qu'il n'en entend que deux, deux mois après, & que ces deux mêmes il ne les confronte pas? Détruit-elle enfin toutes les autres preuves de partialité que le Lieutenant-Général du Bailliage & le Procureur du Roi n'ont cessé de donner pendant & depuis l'instruction? Non sans doute, la prise à Partie est donc indispensable. La refuser seroit un déni de justice sans exemple que la Cour ne commettra pas. Et les con-

B ij

clufions, ces conclufions monftrueufes, qui ont réduit, d'après la procédure en apparence, à être interrogé fur *la fellette*, comme le plus vil des criminels, un homme de la premiere condition, que la procédure force enfuite d'abfoudre, refteront-elles impunies? Non, cela ne fe peut pas. Qu'on relife à ce fujet les dernieres pages du *Supplément aux Obfervations* & du Réfumé général, & qu'on prononce.

Mais, dira-t-on, admettre votre demandé, ce fera jetter l'effroi dans l'ame de tous les Juges inférieurs. Oui, de tous ceux qui font capables de fe mal conduire, fans doute. Eh bien, cet effet fera falutaire. Il eft d'autant plus important de l'inf-pirer aux premiers Juges, cet effroi fans lequel les procès-crimi-nels ne feront plus qu'un affreux brigandage, que par la forme de notre procédure, ce font eux qui difpofent fouverainement du fort des accufés. Maîtres abfolus de l'inftruction, ils lient les mains aux Juges d'appel qui ne peuvent connoître que ce qui eft écrit; & fi ce qui eft écrit eft faux, que devient l'inno-cence? A quel effroyable danger n'eft-elle pas fans ceffe expofée, dès qu'elle a affaire à des Juges comme ceux du Baillage ou de la Ferté? Obfervez encore que d'après le texte de nos Loix, tout témoin qui fe rétracte peut & doit être puni comme faux témoin : de forte qu'une premiere furprife de la part du Juge eft un obftacle prefque invincible à la manifeftation de la vérité. La terreur enchaîne la langue du témoin qui veut lui rendre hommage ; & dans la néceffité de choifir entre fa propre perte où celle de l'innocent qu'il a calomnié, il préfere, comme il eft naturel, un filence qui le fauve lui-même à une fincérité qui le compromettroit. Cette feule raifon fuffiroit pour rendre les Juges fupérieurs inexorables envers tout premier Juge qui a abufé de fa place pour altérer une procédure criminelle.

Mais tous les accufés auront recours à cette reffource pour éloigner leur condamnation définitive; tous emploieront des allégations de cette efpece pour compromettre le premier Juge; alors les affaires criminelles s'éterniferont; elles deviendront une fource intariffable de conteftations qui compromettront la dignité des Tribunaux. Quand ce danger feroit réel, comme il tiendroit à la nature des chofes, & que le premier devoir de la Juftice eft d'être jufte, on ne voit pas pourquoi elle auroit à

redouter une marche qui ne pourroit, après tout, la conduire
qu'à la lumiere. Mais enfuite eft-il vrai que notre prife à Partie
pût encourager tous les accufés à former la même demande ?
Ceux qui auront les mêmes faits à citer, les mêmes preuves
acquifes, la formeront fans doute ; & il feroit affreux qu'on les
éconduisît. Ceux qui ne les auront pas fe tairont, comme ils l'ont
fait jufqu'à préfent, ou en définitif on leur impofera filence par
une condamnation rigoureufe : voilà tout le péril. Il n'eft pas
affez grand pour que dans le deffein de l'éluder on intervertiffe
les Loix. L'honneur d'une famille comme celle de Morangiés ,
l'exiftence d'un homme tel que le Comte de Morangiés , la
fureté publique qui eft intéreffée à ce que les prévarications du
Baillage foient approfondies & punies , l'emporteront , fans
doute , fur les confidérations frivoles qu'on effaie de nous op-
pofer.

<hr>

AVERTISSEMENT

fur les pieces qui fuivent.

L'UNE eft émanée d'un homme refpectable , à qui elle a été
arrachée par l'amour de la vérité, par l'indignation contre l'impudence avec laquelle, dans les libelles contre le Comte , on ofe nier
jufqu'à l'exiftence des terreins qui lui appartiennent. Les autres
font encore des réclamations de témoins indignement vexés, &
même fubornés par le Lieutenant Général du Bailliage. Toutes
ont été adreffées directement au Défenfeur du Comte. Il croiroit trahir fon miniftere en les fupprimant ; il les publie donc ,
parce qu'il le faut, & parce qu'il le doit.

Il fait qu'il s'expofe à de nouvelles calomnies. On a fait ce qu'on
a pu pour l'impliquer perfonnellement dans le procès. Le Juge du
Bailliage, le Procureur du Roi, fon intime, fon inféparable ami
le Concierge Teffon, les défenfeurs, les faifeurs de libelles gros &
petits, &c. ne s'y font pas épargnés(1). On auroit payé bien cher

* Voyez ci-deffous , pag. 20. Obfervez que le fuborneur Teffon n'en eft pas
moins refté pendant tout le cours du procès le maitre de la perfonne, de l'éxif-
tence du Comte , & des témoins qu'il a effayé de corrompre ; & qu'il y a peu

une dépofition qui auroit pu le compromettre, & l'on n'a rien omis pour fe la procurer. Au défaut de cette reffource, que les ames comrompues qui font à leurs gages n'ont cependant pas ofé leur fournir, on a du moins infinué dans les libelles ce qu'on n'a pas pu configner dans la procédure.

On y a dit très-clairement que c'étoit lui qui avoit, de concert avec M. le Lieutenant Criminel, tramé la rétractation de la fille Heriffé, le 13 Mars. Les pag. 17, 18 & 19 du dernier écrit publié par Gilbert, font employées à accréditer cette indigne calomnie : elle n'a pas befoin d'être réfutée. Le Défenfeur du Comte de Morangiés a rendu à l'Audience, & par écrit, pag. 17 & fuivantes *des Obfervations*, un compte naïf des faits & des motifs qui l'avoient mené au Châtelet; il n'y a pas même vu la fille Heriffé; il ne l'a vue de fa vie; il n'a pas vu M. le Lieutenant Particulier qui en a reçu la déclaration; il n'y a vu qu'un inftant M. le Lieutenant Criminel; il n'y eft refté que jufqu'au moment où il a eu l'affurance que la lettre qu'on lui avoit rendue le 12, au nom de cette fille, étoit bien réellement d'elle, ce qu'il vouloit favoir avant que d'en faire ufage à l'Audience. Trois Confeillers avec qui il s'eft entretenu dans l'intervalle, & M. le Lieutenant Criminel, atteftent cette vérité, que le Juge du Bailliage auroit bien voulu, mais qu'il n'a pas pu obfcurcir. Les Adverfaires qui ont toute la procédure entre les mains, le favent bien. Comment donc Me Courtin a-t-il ofé prêter fon organe à des foupçons injurieux, & dont il connoît la fauffeté? Comment n'a-t-il pas rougi d'y employer trois pages entieres, dans l'une defquelles Me Linguet eft nommé quatre fois avec la plus infidieufe malignité? Comment a-t-il pu écrire ces propres termes au bas de fa page 17 : *On a voulu ménager un coup de théâtre pour l'Audience du 15 Mars. Le défenfeur du Comte FEIGNIT que le Vendredi précédent, à dix heures du foir, un homme avec les apparences de la plus profonde douleur, lui avoit remis une lettre, en lui difant qu'elle étoit de fa fille.* Il feignit ! Ah! le Défenfeur du Comte de Morangiés n'*a feint* qu'une feule fois dans le cours de cet immenfe Procès; c'eft quand il a bien voulu, par un excès d'honnêteté qu'il ne leur devoit pas, paroître croire que fes Adver-

de jours, il a exercé des violences incroyables, atroces, envers cette malheureufe fille Heriffé, dont on va lire une nouvelle lettre.

faires étoient de bonne-foi. Voilà [illegible] inte qu'il ait à se reprocher (1).

Certificat de M. Hurson , ancien Intendan. [illegible] la Marine à Toulon , du 27 Août 1773.

Je fouffigné , ancien Intendant de la Marine au départen. [illegible] lon , certifie que dans les années 1764 & 1765 , j'ai , avec la pe [illegible] du Miniftre de la Marine , envoyé en Langüedoc les Charpentiers d. Roi , dont étoit le nommé Brun , ancien Maître , pour vifiter une forêt appartenante à M. le Comte de Morangiés , fituée dans les Cévenes, Diocèfe d'Uzès , près Villefort , pour voir l'état de cette forêt , & me rendre compte de l'utilité dont elle pourroit être pour le fervice du Roi ; & que le réfultat de cette vifite a été que cette forêt étoit très-confidérable pour l'étendue, puifqu'elle contient plus de cinq mille arpens ; qu'il y avoit une très-grande quantité de beaux arbres , foit pour mâture , foit pour conftruction , tant pour vaiffeaux que pour bâtimens civils & bois de chauffage ; mais qu'il n'étoit pas poffible de l'exploiter par le manque de débouchés & de chemins néceffaires pour l'extraction , pour lefquels il étoit indifpenfable de faire une dépenfe confidérable. En 1767 j'ai envoyé dans le même canton le fieur Clerin , Maître Mâteur du Port de Toulon pour différens objets de fervice , & il m'a fait le même rapport de la forêt appartenante à M. le Comte de Morangiés. En foi de quoi j'ai délivré le préfent certificat pour valoir ce que de raifon. A Paris , ce 27 Août 1773. *Signé* , Hurson.

Lettre du fieur Bapft.

Lorfque j'ay été au Baillage , pour être confronté avec ce Coché Gilbert , le Lieutenant du Baillage a fait efcrire , dans ma dépofition , que M. le Chevalier A.... étoit venu chés mois , chés M. le Duc de Lorge , foit difant pour me fuborner avec argent , pour que je ferve de témoins pour M. le Comte de Morangié , pars que Gilbert le diffait ,

Et mois , qui luy foutenoit que jamais M. le Chevalier Aubry n'avoit mit les pieds dans l'hotel de Lorge pendant le temps de 17 mois que j'ay eût lhonneur dit refter en qualité de Suiffe de porte , comme c'eft la vérité.

On na pas laiffé de l'efcrire fur la parole de Gilbert.

Et lorfque l'on ma voulu faire figner , je me fuis fait lire ce qu'ils avoient efcrift ; lorfqu'ils liffoit le paffage de M. le Chevalier Aubry , il la lit fi vite que je ne lais pas compris ; je me la fuis fait repitté ; fur quoi j'ay dit , que je ne figneray pas , fi ils ne les rayait pas ; Gilbert a dit , que ſetait la vérité ; & le Juge a dit il na qua le laiffer ; j'ay répondu que je ne figneray pas : on ma preffenté le papié , quant jay eut la plume

---

(1) Voyez au fujet de la rétractation de la fille Hériffé , les *Obfervations* , page 17 , 18 & fuivantes. On y trouvera l'annonce anticipée de toutes les manœuvres dont Me Courtin s'eft rendu l'interprete.

à la main. J'ay lut mois même le papié ; jay rayé tout ce quil étoit faut, & j'ay figné : donc on doit le trouvé dans la minutes les mots rayée.

Lon trouvera la même chofe à la confrontation que j'ay eut avec Dujoncquay. Dujoncquay & le Juge voulois me forcé, que je laiffe efcrire, que feroit Dujoncquay que javois vû à la Comédie Italienne en habit grix avec Gilbert. Je me fuis obftiné que je ne figneray pas, fi on efcrivoit plus que je ne diffait. J'ay dont dit au Juge que je voulois que lon écrive ce que je diffois, non pas ce que Dujoncquay diffoit. Le Juge ma impofé filance, en me difant, à qui parlez-vous ? faitte attention à ce que vous dit ; il ma dit cela d'un air fi en colaire que je me fuis tais, attendu que je craignois qu'il ne me faffe retourné au fecret ; comme jen fortoit déjas, je me fuis contenté de faire rayé ce qui n'étoit pas, & j'ay figné. J'avois bien d'autre chofe à dire au fujet de Gilbert & de Madame Petit que je nay pas dit, pars que j'ay vu la partialité du Juge pour Gilbert & Dujoncquay, & les menaces que tous les témoins me difois qui leurs avoit fait, je nais plus voulu rien dire, crainte devement ; fi les Juges fupérieurs veulent mantandre, je fuis pret à le dire.

Signé, BAPST.

Lettre de la femme Bapft, du 22 Août 1773.

Je fuis furprife, Monfieur, que le Cocher Gilbert voudroit chercher à ce blanchir au fujet de l'argent qui dit qu'il n'a point donner à la femme Petit. Je puis vous affurer fur mon ame que jay fait rencontre de Gilbert dans la rue du Fourt. Ils me mit le bout de fa canne fur le tallon de ma pantoufle. Je me retourne ; je l'apperçut qui me dit : Madame Bapts, faites-moi un plaifir ; raccommodez-moi avec cette coquine de Petit ; vous favez que c'eft une malheureufe qui fait toutes mes affaires, qui eft capable de me faire pendre ; j'aime beaucoup mieux lui donner la main levez de l'argent quel touchera ; je lui dit je le veut bien ; je fut tout de fuite chez la Petit ; je lui dit que je venait de rencontrer Gilbert, qu'il mavait dit qu'il vouloit lui donner la main-levez de l'argent pour quelle ne dépoffe pas contre lui ; la Petit me dit où eft-til ? Je lui dit ils s'en vas dans fa chambre à linftant ; elle lenvoye chercher par la Tourre. Pendant que la Tourre le fut chercher, elle me dit quefque je rifque de démentir ce b . . . . Daubry & le Chevalier de la Gaudinet, & la femme Durant qui mavoit promit de me faire donner un fauve-conduit ; tu a bien vut comme ils font venut me voir dans la prifon ; ils mont abandonner comme une malheureuffe ; fi jut refter du cottée des Dujonquay, leurs bourfe étoit toujours ouverte à mon fervice. Ils m'ont donné cinquante louis quand jay achettez la voiture chez M le Marquis de Fleury ; & je lay rendut à M. Raffade, & jai gagner cinq cent livre deffus. J'ai bien eu en plufieurs fois cent louis des Dujonquay ; jay eut bien du malheure de metre tournez du cottée compte ; car il na pas le fols. Elle me repetta la meme choffe dans les guichets du petit Châtelet le jours quil fut arettez ; fur les deux heure

apres

après midy Gilbert eſt venut chez la Petit, dont que la Petit me dit voilà Gilbert, cache toit; je me mit derriere la porte de la cuiſine. La Petit monta tout de ſuitte avec Gilbert dans lappartement de M. le Compte de Gamache, où ils reſterent bien une heure enſemble, deſcendirent tout les deux. Elle appella Lecuire, mari de ſa domeſtique; elle lui dit allez avec Gilbert chez le Notaire pour faire la main-levez; vous devez ſavoir comme cela ce fait, puiſque vous avez étez ancien Offiſcier de la Monnoye. Dans linſtent ils furent chez le Notaire qui fait le coint de la rue des Boucherie; pendent ce temps elle envoya la Latour au marché chercher des œuf & du lart & une ſalade; elle dit Gilbert vient dîner icy, aye nous Bapts à faire le dîner, me dit elle; moi, je me ſuis pretter de bonne volontez; je vouloit voire finir cette intrigue; nous montames en haut quant ils furent revenut. Nous avons reſter dans lappartement de M. leCompte tout les trois la PetitGilber & moi à dîner; Gilber lui diſſoit en dînent, en ſa vous me ferez le plaiſſir de me donner quatre louis, parce que je doit beaucoup à mon hoteſſe & à celui qui me donne à menger, vous ſcavez ce que l'on nous a promit d'un autre cottée, lon nous la tiendra. Elle dit allons dépeſchons-nous, mangons, après nous yrons à l'hotel Janaque, chez le Greffier du petit Chatelet; de-là nous partimes pour aller chez le Brun, la Petit & moy, parce que l'argent avait été mis au non de la domeſtique de le Brun; de-là nous fumes à lhotel Janaque la domeſtique & moy, le Greffier nous dit qu'il falloit que Madame Petit it fut pour remettre largent; je fit réponſce au Greffier quel ne pouvoit point venir, parce quel avoit des corps au pied; quel avoit peur d'y etre retenut. Le Greffier nous remit au lendemain chez ſa bel ſœur qui eſt la veuve du Greffier du petit Chatelet; elle toucha là les neuf cent dix-huit livre, il y avoit le Brun, ſa domeſtique, moi & un autre homme que je ne connoit pas; elle donna au Greffier douze livres pour ceſt honoraire; elle rendit à la Latoure quatre louis quel lui devait; elle donna deux louis pour Gilber & moi; elle me rendit neuf livre que javait débourſer pour le dîner chez le Brun, avec le Brun, Gilbert, la Petit, la domeſtique de le Brun & moi.

Je ſuis votre très-humble *Femme BAPTS.*

Monſieur Pigeon n'a rien voulut écrire de cela.

De la Conciergerie du Palais, ce 22 Août 1773.

Ne ſachant pas bien écrire, j'ai fait écrire par une femme de la paille famme Bapſt, & y ai ſignée.

Lettre de la fille Heriſſé, du 22 Août 1773.

Monſieur,

Je ne peut doncque que mécrier ſus un fait auſſi important que ce

malheureux Gilbert vous compromeſt ainſi que Monſieur le Lieutenant
Criminel en ſuppoſant que vous m'avez ſoliſſiter & fait ſoliſſiter à faire
ma retraction au Châtelet. L'innocenſſe opprimer crit toujours ven-
genſce. ainſi que les fauſſetez que ce Gilbert avenſce tout les jours à
ma connoiſſance c'eſt de mon propre mouvement que je prettend vous
rendre la juſtice qui ne vous eſt que trops dut. Voilà le fait comme il
ceſt paſſer mon pere metent venut trouver au Châtelet percée de la plus
viue douleur me dit eſt la le fruit des coquineries de ce coquin de
Gilbert. tu ſavoit bien toutes les inſtance qu'il venoit faire tout les jours
a ta mere je luy repondi ils eſt vray mais je m'etoit toujours fier ſur
la promeſſe de ma graſce & dun Mr qui venoit tous les jours me l'aſſu-
rer ainſi mon pere me dit écrit une lettre qui marque la véritez & je
la porteres le lendemain il eſt venut me rendre reponſe ils me dit Mr
que cetoit a vous a qui il avoit eu l'honneur de la remettre ſans avoir
celuy de vous connoitre ils me dit meme que vous ne l'aviez pas a
peine voulut recevoir je luy reppetter pluſieurs fois que je vouloit avoir
lhonneur de parler a Mr le Lieutenans Criminel & y montay le matin à
l'inſtent i'exempt du cabinet me dit vous voulez doncque parler a Mr
le Lieutenant criminel je luy dit oui Mr il rettourna dans le cabinet de
Mr le Lieutenant Criminel a linſtant on me fit paroitre je luy dit Mr je
vient pour Mr le Compte de Morangies que lon ma fait ſupoſer
contre luy ils me dit mon enfent vous voulez donc faire un aquit de
votre coſſience je lui dit ouy Mr puiſque ce que j'ay dit ci devant ne-
tait que pour avoir ma graſce que la nommée Gilbert & un Marquis ou
Baron mavoit fait eſperer ma graſce & vingt cinq louis ainſi qu'un mou-
choir que voila ſur mon col qui vient de lui & pluſieurs fois du vin
de leau de vie pour avoir plus dhardieſſe a ſouttenir ce qu'il me di-
ſoit tout les jours & pluſieurs fois de l'argent pour lors Mr le Lieutenant
Criminel fit prendre unne notte de ce que je luy dit par le Greffier
qui etoit avec luy & lon vint lavertir que la chambre alloit tenir pour
lors jay paſſer dans un cabinet avec Mr le Lieutenant particulier ainſi
que ſon Greffier avec qui jetoit ſeul & je nay point vut dautre per-
ſonne la je luy dit que je navoit jamais etez qune fois chez Mr le
Compte de Morangies au ſujet dunnes fille nommé La motte pour le
pryer davoir ſa libertez de St Martint comme je metois employer
pour elle elle avoit recours a moy apres quel fut ſortie elle me vint
trouver à la Conſiergerie le Gilbert la connoiſſent de Paris layent
fait monter pluſieurs fois chez luy pour tâcher de la gagner pour dep-
poſer en ſa faveur en lengagent pluſieurs fois a diner & lui rep-
pettent Tempette vas avoir la graſſe & vingt cinq louis ils y a un Baront
qui a etez chez Mr le . . . . . . pour cela & ils la fait aſſigner la
croyent gagner pour lui elle a reppondu quil navoit aucune connoiſſance de ceſt fait comme lon le verra dans la procedure ils lavoit même
voulut charger dunne lettre pour ce marquis Aubourt quil ma dit de-

puis que cetoit luy en me diffent ils eſt heureux pour moy que jay
cacher le non car vous lauriez dit comme tout ce que vous avez dit &
moy ſi je lavoit voulut dire je ſeroit ſortie malgré que le Lieutent du
Baillage Mr Pigeon combien ils étoit dangereux pour moi la retraction que javoit fait au Chatelet en me diffent vous eſtes accuſer je
veut avoir des bontez pour vous je lui reponds mais cependant c'eſt
la veritez que jay dit au Chatelet ainſi que toutes les perſonnes que
jay citer dedent qui doivent dire les chofſes quils ont vu ils m'sffraye
en me diffant mais vous aller vous perdre lon peut prendre des moyens
ainſi quils a fait ils a fait venir le nommée Cappelint ſoldaſt amy con-
ffident de leurs affaire reciproque qui accompagnoit Gilbert pluſieurs
fois a mapporter ce que je recevoit ainſi a qui ils avoit publier de
meme qua toute la priſſon que javoit ma graſſe juſqua un nommée
Letut autre priſonnier à qui ils lavoit bien affirmer ainſi quils luy a
ſouttenut au Baillage il eſt bien a preſſumer que ce Lettut navoit aucun interet ſi ce netoit la véritez ainsi que ſi ils mut etez réconfron-
tez bien dautres fait duquel il etois témoint que Gilbert me diſſoit
par ma fenêtre que je charge bien Mde Durant & Mde la Bats ainſi
que Mr Goffroy Guichetier du grand Chatelet qui en deſſendant du
cabinet de Mr le Lieutenant Criminel ma ſouttenut que je venoit de
dire la verites pour Mr le Compte de Morangies ils ne ma pas fait
paroitre lOffiiſcier de Letoille ainſi que ſon Sergent à qui javoit
pryer daller dire a Mr le Compte que je venoit de declarer la
verittez tel quel etoit ainſi que bien dautres fait qui devoit cependant fait connoître a mon juge de la ſubornation que lon me faiſ-
ſoit ainſi que la femme Forobert qui mavoit entendu dire a ma mere
dite comme moi ſur tout ce que lon nous dira & jaurai ma graſſe dont
la femme Forobert la dit a ſa depoſition & la ſouttenut a ma recconfron-
tation ainſi que la femme Forobert a interpellè que ma mere lui
avoit dit pluſſieurs fois que jai le cœur percé davoir dit & ſouttenut a
M. le Compte que javoit reçut de largent de lui & je nen nai jamais reçut un ſols ainſi quil eſt mentionnée au proceſt comment cette infame
Gilbert peut-ils ſe ſervir de terme dhumiliation ſur largent quils mof-
froit pour payement du crime dont il eſt revenut & de quoi il vouloit me ſoulier la veille de la Vierge derniere il ma envoyer de leau de
vie dont je nen ai point voulut & lay donner au femme & ils ma fait
dire que ſi je vouloit de largent que je lui faſſe un billet mais jay reppondut que je navoit point de billet a faire & quils ne me corrom-
peroit pas daventage ainſi que bien dautre fait que je me reſſerve a
donner la preuve a mes juges ſupremes d'après cela Monſieur Monſieur vous devez connoitre que ceſt la véritez que je prend la libertez
de vous inſtruire puiſque vis-à-vis de vous même ils ſuppoſe que ceſt
vous qui mavez dictez la lettre dans le cabinet de M. le Lieutenent Criminel la fauſſeté eſt ſi grande que la femme qui ma écrit la lettre eſt ve-

C ij

nut le dépofer au Bailliage. Jufqua même le Concierge le jour de mon jugement me dit en bas *avez vous dit que cétoit M. Linguet qui étoit dans le cabinet avec M. le Lieutenent Criminel* je lui ay reppondut non Monfieur dites que vous venez de vous en reffouvenir je lui dit je ne le connoit pas ils eft petit les yeux brunt & que vous lavez trouver en rentrent de M. le Lieutenent Criminel & que vous ne vous reffouvenez pas de ce que vous avez dit au Châtelet ainfi que les Juges lont écrit : jay cependent bien des précautions à prendre vis-à-vis de lui ; car dernierement, au fujet d'un petit différent que jay eut avec une femme , ils a faifit l'occafion , jay été traiter bien ignominieufement par cinq Guichetiers & un de leurs chiens mayant mis à la tour, & le lendemain matin ma fait defcendre & ma queftionner dans fon cabinet, mayant donner unne forme dinterrogation, mayant voulut forcer de lui dire qu'il avoit aprit que javoit ecrit à mon Juge fuprême ; mais il na point eut de fatisfaction à lordinaire pour au fujet de mon malheure ; eft-tils poffible que ce coquin de Gilber mexpoffe une peine qui a plus de malheure que de crime, que lon en cherche la fource, ceft à la connoiffence de tout le monde, eft prontitude ou vol, non je netoit pas fait pour cela ; tout le monde fcait que c'eft un malheureux coup de prontitude donnez chez un Commiffaire. Ce malheureux cherche à couvrir ceft coquinerie fi manifefte & fi connut au depens de mon malheure ; qu'il faffe chercher dans toutes les prifon fi mon non & celuy de ma famille y ont jamais etez connut : il affecte le non de Tempette ; ils provient dun honette homme qui exfte & qui par fon meritte eft parvenut fergent des gardes dont fi le malheure ne metoit point ariver le non me feroit devenut legitime, mais je nen fuis pas plus meprifable car ils men rend fouvent fa fivifite les gens honette & fenfible me honoreront toujours de me plaindre & non de me blamer

jes pries Monfieur ma mere de mefcrire cette lettre la come elle ortlograve mieux que moy mais je luy eft diquetes ne doutes pas je vou prie que ceft la pluff efague verites

Ainfi que vous Monfieur de qui jimplore la clemance & fuis avec tout le refpect poffible

La plus umble fervante fille Heriffé.

De la conciergerie du Palais ce 22 Août 1773

Jes oubliez de meftre que Gilbert conefant la fille Lamotte de parie luiy a dig plufieur foiy enfi qa moiy fi elle voules defpofes que ces defpoffion feres paillez plus de fi feran.

Illle a prettes doux franc à la fille Lamotte à cette a qui de defpofifion

Les Juges fupérieurs ne peuvent fe difpenfer d'approfondir

tous ces griefs. Le Défenseur du Comte de Morangiés, encore une fois, ne les garantit pas ; il les expose à la Justice comme il les a reçus ; c'est à elle à les vérifier. Si on ose encore l'insulter à cette occasion, il remet à l'événement à le justifier.

Au reste, ce moment ne peut pas être éloigné. On va prononcer l'Arrêt définitif. La Justice doit au Comte la suppression éclatante des Ecrits publiés contre lui par les Défenseurs qui avoient au moins leur état pour excuse ; mais elle se doit à elle-même de prononcer une punition rigoureuse, une flétrissure exemplaire contre les Auteurs de tant de Libelles diffamatoires, multipliés par les *Lacroix*, les *Falconnet*, au mépris des Réglemens de la Librairie & du Barreau. Le nom d'Avocat qu'ils ont usurpé pour couvrir leurs délits, ne les mettra pas à couvert du châtiment que leurs excès méritent. La Cour va décider, s'il est permis d'insulter de gayeté de cœur une foule de Citoyens de toutes les classes, de tous les ordres, à commencer par la Noblesse en corps, par le respectable & malheureux pere du Comte de Morangiés, par sa famille entiere (1), &c. &c.

Le Défenseur du Comte de Morangiés ne parle pas de lui-même ; déchiré avec un emportement inoui dans ces Brochures inspirées par une cupidité satyrique, il a droit à des réparations. On sait, on a vu, on a été indigné de ce qui s'est passé ; son état même, à la juste surprise de toute la Nation, a été compromis. Il s'est imposé le silence jusqu'ici ; mais il n'a pas contracté l'engagement de le garder toujours ; ce n'est que par des réparations qu'on peut lui fermer la bouche. L'honneur a été l'unique objet de ses démarches ; il attend de la Cour la satisfaction qui est due à cet honneur si indignement outragé. Il n'a pas pris de conclusions directes pour la provoquer ; il veut la

---

(1) Voyez la Réponse aux Probabilités, la Réponse aux Observations. (Ces deux écrits sont du sieur Falconnet, qui s'en croit très-honoré ;) & tous les Mémoires du sieur Lacroix : Ni l'un ni l'autre, encore une fois, n'avoient & ne pouvoient avoir de qualité dans le Procès : ils n'y ont pas plaidé : ils ne sont pas sur le tableau. Les Parties avoient d'autres Avocats. Ceux-là ne se sont immiscés dans la Cause que par le plus bas, le plus vil de tous les motifs · ils en sont plus punissables. Ils seroient répréhensibles, quand ils n'auroient dit que des vérités. Combien sont-ils criminels d'avoir accumulé autant d'impostures, autant d'atrocités calomnieuses ?

tenir de l'intégrité des Juges ; il espere que l'Arrêt qui va intervenir, le dispensera de cette forme qui répugne à la délicatesse de son ministere. Il se flatte qu'il ne sera pas réduit à des démarches postérieures que personne ne pourroit ni désapprouver ni empêcher, & à renouveller en son propre nom un combat où l'avantage lui seroit certainement assuré.

Signé, LE COMTE DE MORANGIÉS.

Monsieur G O U D I N, *Rapporteur.*

Mᵉ LINGUET, Avocat.

De l'Imprimerie de L. CELLOT, rue Dauphine. 1773.